Rainer Sauer, geboren 1963 in Karlsruhe, ist seit 1995 als spiritueller Lehrer tätig. Er besuchte die *IM School Of Healing Arts* in New York (1997 - 2001) und wurde im Jahre 2001 von der *Church Of Gaia Briel* zum Reverend geweiht. In seinen Studien befasste er sich jahrelang intensiv mit den verschiedensten Religionen und Weltanschauungen und erwarb sich umfangreiches Wissen über unterschiedlichste Therapieformen. Er hat zwei Kinder und lebt wieder in Karlsruhe.

Bisher erschienen von Rainer Sauer:

„Deus Homo" – Spirituelles Lesebuch und Ratgeber (Mai 2006)

Ich danke allen und ganz besonders dir und mir!

Rainer Sauer - Gedichte

DU UND ICH

Liebesgedichte an Gott, für dich und mich

Bibliografische Information der Deutschen Bibliothek:
Die Deutsche Bibliothek verzeichnet diese Publikation
in der Deutschen Nationalbibliografie;
detaillierte bibliografische Daten sind im Internet
über http://dnb.ddb.de abrufbar.

Umschlaggestaltung:
Christina Sauer, visionell.büro für gestaltung, www.visionell.de

Herstellung und Verlag: Books on Demand GmbH, Norderstedt

Printed in Germany.

Dieses Buch wurde im On-Demand-Verfahren hergestellt.

ISBN 3-8334-6490-9 / 978-3-8334-6490-4

Vorwort

In diesem Gedichtband finden sich Worte in ihrer ursprünglichen Bedeutung wieder und dürfen sich zu Bildern zusammenfügen, die sich in Strophen eines Liebesgesanges, in Teilen eines Gebetes und schließlich zu einer Gesamtkomposition als Verherrlichung der Liebe einfinden. Jeder Vers dieser Liebeshymne ist essentiell als Liebesgedicht an das Göttliche zu verstehen. Zum einen direkt an die spirituellen Qualitäten wie Liebe, Freiheit, Unsterblichkeit adressiert, die für uns unmißverständlich als göttlich erkennbar sind. Und zum anderen gewinnen hier im Lichte einer Liebeserklärung Gefühls-Qualitäten wie Trauer, Verlust oder auch menschliche Unvollkommenheit ihre gottgegebene Sinnhaftigkeit wieder. Somit erfahren scheinbar unangenehme Gefühlszustände wie Einsamkeit, Angst und Lebensmüdigkeit ihre Transformation zu Trost und Wegbegleitung. Liebesgedichte, die an das Leben selbst geschrieben sind, sprechen von unendlicher Dankbarkeit für alles Existierende.

Du und ich

Wir zwei

In unserem Innern eins

Niemals getrennt

In Ewigkeit verbunden

Du und ich

Ein Pulsschlag

Vereint in unseren Herzen

Eine Seele

Liebende für immer

Du und ich.

Ich betrete ein Haus

Es ist leer

Ich schreite durch die Flure

Schaue in die Räume

Leere, nichts als Leere

Wo bin ich?

Ich gehe weiter, höre ein Rufen

Es ruft mich herbei, wie mir scheint vom Fundament

Es kommt erschallend aus der Tiefe

Ein auffordernd', ein singend' Signal von unten

Ich gehe hin

Öffne den Raum

Finde mich auf

Ich erkenne mich

Es ist da, was lange Zeit vermißt

Süße Traurigkeit brüllt in mir nach Vereinigung

Unsagbare Wellen der Freude

Machen meinen Herzschlag zu lautem Dröhnen

Ich gebe mich der Sehnsucht hin

Ich umarme mich, von Liebe erfüllt

Schwimmend im Liebes-Quell

erkenne ich mich und dich

Endlich, ich bin daheim.

So nah wie du ist mir kein anderer

So unbedingt und ewiglich du in mir ruhst

Mehr ich du bist als ich selbst es bin

Es gibt kein Leugnen, du bist ich, ich bin du

Kein Ding an deiner Seite steht

Denn alles in deinem Raume wohnt

Jedes wir, aus einem einzig' Ich geboren

Hat Ursprung und ewig' Zuhause in dir.

Wahrhaftigkeit, Tür des Himmels

Dein Schlüssel ist das pure Sein

Öffne dich und laß mich spüren

Den Wind des Lebens

Des Paradieses süßer Schein

Hier und jetzt ist das wahre Leben

Hier berührt mich die Milde des Friedens

Der Liebe wahre Gesichter sind erbeten

Breite aus der Liebe Landschaft

Und ich tauche ein.

Daß ich mich wohlfühl'

Ist mein Verlangen

Als Lehrling des Lebens

Ich selbst mein Wohle erlange

Meisterlich kann ich dieses sein

Wenn wohle ich bin im Unwohlesein

Den Ist-Zustand angenommen

Kann ich im Jetzt verweilen

Nichts ändern müssen

Entsag' ich mich dem Eilen

Als Meister erwarte ich in Ruh'

Geduldig immerzu

Das Unangenehme, das Unerfreuliche

Weil es sich mir als Bote des Glücks

Wohlgesinnt zu erkennen gibt.

Ich frage dich

Kann denn etwas zwischen uns stehen
Wenn ich es nicht will?
Kann ich denn zwischen dir und mir sein
Entgegen meinem Willen?

Oder bin ich nur getrennt von dir
Wenn ich es will?
Bin ich es, der will, daß ich nicht kann?
Kann ich wollen, es nicht zu können?
Gibt es gar in diesem Falle kein Können
Sondern eben nur das Wollen?

Heißt somit Nicht-Können
Denn immer, nicht zu wollen?
Und meint mein Wollen, daß ich es kann?

Wenn dies am Ende gar wahr ist
Bleibt zuletzt da nicht nur freies Wollen?
Wohnt da wirklich im unendlich' Raum
Nur mein und dein Wille?

Deine Antwort ist beständig
Und ich erahne
Ein schweigend, zustimmend' Ja
Gefolgt von meines Echos Worte:
Ohne Zweifel, mein Wille ist Geburtsstätte
Meines Könnens.

Das Leben stillt mich mit süßer nahrhaft' Liebesmilch

Was macht sie nur säuerlich?

Was macht sie bloß bitter?

Was ist dies, was es mir so schwer macht

mich an dieser Liebes-Brust zu laben?

Was hält mich zurück, die Süße des Lebens zu kosten?

Bin ich es?

Köstlich' Leben verzeih meine ständig' Klage

Gänzlich falsch gerichtet an dich

Ich war es immer, bei letzter Befragung

der sich deiner Liebe Zuneigung entzog.

Das Männlich' weiß allzu oft und allzu gut

Genauestens, was es will

Muß oft nach peinlich' Suchen

Finden, daß auch dies, gesucht, gefunden

Ein Relatives ist

Das Weibliche möcht' im Gegenteil nicht selten

Nicht wissen, was des weiblich Wissen ist

Und muß vom Leben aufgeklärt sich eingestehen

Daß da vieles Wissen schon vorhanden ist

Männlich' Sicherheit gelockt vom Stolz

Landet leichtfüßig im Unterholz

Auf des Geistes Lichtung findet es sich dann

Wenn Weibliches ihm erklang

Wenn Männliches empfänglich wird, losgelöst vom Drang

Wird Männliches stark und meisterlich

Angewendet auf jeglichen Belang

Auch das Weibliche, dem Wissen gegenüber scheu

Kann Männliches, bejahend gebraucht

Selbst werden, auf weiblich' Arte neu

In der Lage Wissen schaffend, sich verstehend

Kann es dann willentlich mit Gewissen gehen

In sich die weiblich eigene Wahrheit Pracht

Sich schnell zum Führer und Berater macht

Wenn männlich weiblich stärkt

Weiblich männlich fruchtet

Ist des Menschen göttlich' Macht entlockt

Vereinigung der Kräfte gefunden

Einheit, die er suchte

Ist der Stolz zu Wissen gebändigt

Die Furcht zu Wissen beendigt

Kann in Demut und mit gebürtigem Recht

Des Schöpfers Kraft genutzt

Sinnvoll, liebend, echt

Wahre Kraft entsteht eben nur, das will ich meinen

Wenn scheinbar Gegenkräfte sich vereinen.

Heiliger Gral, Gefäß der Liebe

Mutter, die ihr Kind trägt

Göttin, die Erde gebiert

Heiliger Gral, des Menschen Körper

Beinhalter des Bewußtseins

Heiligen Geist du ausschüttest

Wo immer du bist.

Schlafende behaupten, sie hätten keine Zeit

Der Wache sagt nichts und nimmt sie sich einfach

Blind ist, der scheinbar selbst unbeteiligt geschehen läßt

Sehend, der alles in Bewußtheit selber macht

Unzufriedenheit kennt der, der andere nicht läßt

Doch andere lieben ihr Leben

Gut, wenn man dies nicht vergißt

Frieden dem, der sich und andere gleichsam liebt

Und dennoch sich selbst am nächsten ist.

Ein musisch Instrument der Liebe

Musik in allen Sphären

Ich klinge verstimmt

Doch weiß ich, daß ich richtig bin

Alle Erfahrung klingt mich an

Alle Gefühle stimmen mich

Und ich weiß, daß ich es bin

Der Tonen Kunst die Laute gibt

Das Leben spielt mit mir

Bis ich es bin

Der harmonisch erklingt

Ich meinen ursprünglichen Akkord gefunden hab'

Ich mich erkenn'

als Musik musizierend

als Musiker dirigierend

als Liebes-Instrument die Welt betörend

Ich mich selbst als Liebe erkenn

eins mit dem Instrument, mit dem Tone

eins mit Spieler

eins mit des Liebes Lohne.

Es ist die Lust, die Leidenschaft
Die mich umtreibt
Wenn ich mit dir bin
Es ist Lust, die kein Leiden schafft
Wenn wir umarmend beieinander sind
Lust und Leidenschaft, die mich erfüllt
Mich in Bewegung hält
Mich prickelnd stillt

Ohne Drang ich mit dir in alle Richtung' tanz'
Freudvoll, lustig, leidenslos
Mich immer wieder nach Vereinigung sehn'
Und unbeschwert, leichtbeschwingt im göttlich' Tanz
Nach vorne
Zu dir
Und deiner Liebe geh'

Liebe als Motivation
Des Lustes Untergrund
Ich, leidenschaftlich hingegeben
Nichts will und doch alles bekomm'

Dich habe ich in mir
Immer ganz nah
Und ist nicht alles, was ich will, in dir
Ewig konstant und absolut wahr?

Es kam der Tag, als ich mich sah

Erkannt und wiedergefunden

Ein herrliches Paar

Verliebt seit dieser Zeit und nie mehr alleine

Ist die voherig' Einsamkeit entrückt

Es ist Liebe

Liebe auf den ersten Blick

Mich gefunden

Ein Schatz ohne Gleichen

Bin in friedvoller Ehe

Nichts kann dies erreichen

Suche kein Erlöser noch Lösung im Außen

Nur noch Dinge und Menschen, gleiche

Suche und begegne auf dieser Reise

All' und allem

gleich verliebt mit mir

Ist Ausschließlichkeit vergangen

Geliebtes, allgegenwärtig' Individuum, in allem entdeckt

Kann kein Vergleich mehr

das ewig Verbundene

mit Minderwert erschrecken

Alles ist mir gleich lieb geworden

Ich habe mich seit diesem Tag

und alles ist ein Teil dieser Liebe

Jeden kommend' Morgen.

Heilig, heilig der Meeresgrund allen Seins
Heilig alles darin, unsichtbar und ungeboren
Liebe ohne Namen, überall erwartet
Stille Anwesenheit in aller Ewigkeit

Wo noch geduldig alles ruht
Steigt nächsten Augenblickes das Göttervolk empor
Ziellos entfalten, gebären sie sich
In die Unendlichkeit des Raumes
Dem noch Ungewissen, sich nach Körperlichkeit sehnend
Wollen sie Sinnlichkeit des Körpers schenken

Götter und Göttinnen erfahren sich kleine Ewigkeiten
In Raum und Zeit
Sich selbst im steten Wandel des Gegenüber zu spiegeln
Ist ihr Zeitvertreib
Um dann berührt noch unberührt, sich nach Ewigkeit erneut
Wiegend in der Ruhe des Verweilens zu betten

Innen und außen vergessen
Vorher und nachher
Vom ewigen Moment der Liebe verschlungen
Sind sie nun wieder das Gestaltlose, das zeitlos Wartende
Das irgendwann und irgendwo
Durch der Liebe freie Entfaltung die Flügel der Freiheit webt.

Kunst, oft gebrochener

Doch emporschwingender Flügel der Seele

Geheilt durch den Flügel des Lebens.

Liebe ohne Worte

Liebe ohne Ziel

Liebe ohne Fragen

Liebe unendlich viel

Liebe ohne Wissen

Liebe ohne Verstehen

Liebe ohne Zeit noch Raum

Liebe grenzenlos

Bedingungslos göttliches Sehen.

Das Göttliche im Kleinen und Großen zu schauen

Glückseeligkeit beschert

Die Augen zu verschließen dafür

Des Bewußtseins Nacht herbeiruft

Der Morgendämmerung Klärung verwehrt.

Des Menschenkind Freiheit

Liegt in seiner Verantwortung verborgen

Nur was er gibt, soll er auch bekommen.

Meer der Liebe, unversiegbar

Ebbe und Flut wiegen in dir das Seiende her und hin

Das Wasser des Lebens im Gefäß der Liebe

Bleibt hier unberührt in Menge und Güte, im göttlichen Sinn.

Ich gehe auf die Suche nach dem einen

Und ich finde - alle

Allem Wissen folgend, alles erforschend, alles ergründend

Teile ich Raum und Zeit

Und begegne dennoch nur dem Einen

Alles scheint eins, und das eine erscheint in allem

Wie ich mich auch drehe

Wie ich mich auch wende

Keine andere Wahrheit kann ich schauen

Keine andere wird mir offenbar

Bleibt am Ende nur eine einzige Wesenheit?

Beinhaltet das eine, entsprungen aus dem Nichts, alles andere?

Kommt die Eins aus der Null

Ergießt sich in alle anderen noch folgenden Zahlen?

Ist das Weiß, gespiegelt aus dem dunklen Schwarz

Träger aller Farbenpracht?

Ist der Eine wirklich so groß, daß alles in ihm wohnen kann?

Ist die Eine so unendlich, daß Grenzen unschaubar sind?

Ja

Ja, dies kann ich und will ich nicht leugnen.

Ich sehne mich nach Vater und Mutter

Rufe ihren Namen

Sehne mich nach Liebe

Rufe ihren Namen

Sehne mich nach dir

Rufe deinen Namen

Sehne mich nach Frieden

Rufe seinen Namen

Sehne mich nach Lebendigkeit

Rufe ihren Namen

Plötzlich wird mir klar

Alles ist anwesend

Nur ich bin nicht da

Mein Da-Sein ist erfragt

Alles andere ist hier

Kein anderes, als mich zu rufen

Ist nötig im Jetzt und Hier.

Verachtung, Hochmut, Arroganz

Sind des Menschen Feind

Menschenfeindlich auch die Eifersucht, der Haß, der Neid

Die Ängste in der Einsamkeit stets bereit

Rufen hervor die Kämpfer zum Streit

All diejenigen, die trennen, scheiden, töten

Allzugerne um ihr eignes Leben bangen

Sind in der Furcht gehalten

Sind gefangen

Menschenverachtend' Haltung

Findet dort im Dunkeln viel Erklärung

Auch zur Genüge viele Worte

Liebe ist das letzte Wort

Liebe bringt uns zu Liebe, an jedem Orte.

Ich stehe auf der Erde, bin Mensch, fühl' mich getrennt

Blicke auf Wälder und Wiesen, sehe Schönheit, unsagbar viel

Erlebe mich außen, nur Betrachter vom göttlichen Spiel

Verstand und Herz, zwei Stimmen erklingen

Sagt der Verstand:

Schönes sehe ich, doch fühle ich mich dennoch entzweit

Und entfernt von diesem hohen Schwingen

So spricht das Herz:

Ist dies doch wundersam, oh wunderbar

Sehnsucht nach Einheit wird in mir klar

Plötzlich etwas drittes

Mich in seinen Raum ruft

Erlebe mich ungespalten, was mich tief berührt

Im Nu absolut und spürbar, bin pures Sein, berührbar

Ich bin der Baum

Ich bin die Erde

Wie konnte dies vergessen werden

Ich mich nun mit der Mutter Erde

Als ein Geschöpf empfinde

Untrennbar, organisch wir miteinander verwoben sind

Verbundenheit und Gewißheit ist mein

Nie mehr einsam Kind sein.

Liebesmüh', heiles Tun

Leicht wie eine Feder schwebend

Gen Erde und Bestimmung gehen

Luft getragen, im heiligen Rhythmus pendelnd

Gestaltend, sich formend wiegend

Wir uns zum Irdischen wenden

Bis des Fallens Höhepunkt erreicht

Wir uns neigen zum nächsten hehren Ziele

Unbeschwertes Gehen ist der Liebe Rhythmus

Ausgerichtetsein auf magisch' Weise

Sanft geführt am göttlichen Bande

Verschmelzen Eigenwille und Gottes Ahnung

Frei oder auch unfrei, Eins zu sein

Dessen sind wir imstande

So behütet und geborgen

Ist das Schwimmen im wärmenden Fluß der Liebe

Von Leichtigkeit und Entzücken begleitet, ungetrieben

Erleben wir uns davon getragen

Irdisch wurzelnd und himmlisch schwerelos

Inspiriert durch Gottes zarten Stoß.

Ich schaue des Wassers Reise

Immerfort Fließen zur Meeres-Mutter hin

Frag' mich, ob auch ich zum Meere gehend bin

Münde auch ich, wie jedes Tröpfchen Wasser

Letztendlich in Gottes Sphäre

Hat also alles seinen Sinn?

Ich schaue auf das vergänglich Erdene

Auch die Erde ruft stets irdisch Abstammendes zurück

Zu Staub und Asche Gewordenes

Ist ebenso und offensichtlich

In der mütterlich' Umarmung der Erde

gleich dem verlorenen Sohne, lichthell entzückt

Ich

Schaue auf mich

Und nehme zweifelsohne wahr

Daß auch ich aus dem großen Meere der Bewußtheit

Aus der großen Mutter Erde geboren war

Und mein Weg

Gleich dem Wasser, gleich der Asche und dem Staub

ist unbeirrt hin und zurück zu Mutters Schoße gebaut.

Menschen meinen, den einzig richtigen Weg

Zu Gott zu kennen

Doch sind sie ihn gegangen?

Menschen suchen diesen einen Weg

Doch vermissen sie nicht alle anderen?

Menschen hören Ver-Rücktes in sich regen

Doch haben sie dies übergangen?

Diesem Ruf folgend wissen manche

Die Einzigartigkeit des jeden

Ist der Unbegrenztheit Gang

Nicht ein Weg, sondern viele

Sind gehbar zu Gottes Domizil

Der einzigartige Pfad von jedem

Ist nötig, um zu kommen ans ersehnte Ziel

Fremde Wege, nicht der meine

Führen allzu gerne weg von mir

Daß es meinen Weg nur einmal gibt

Heißt auch, ich gehe diesen ganz all-eine.

Ich suche dich

Ich suche mich

Wir suchen uns

Fremd erscheint mir lange Zeit das Gefundene

Tatsächliches entdeckt

Erkenne ich geliebtes Dich und Mich

Sehe, wir sind eins

Gesucht war der Suchende

Angetroffen wurde beides

Gesucht war das Fremde

Gefunden immer nur das eine

Wohlbekannt und altvertraut

Eine lange Reise

Ich folge dir in die Unendlichkeit, ins Ungewisse

Ich folge dir, scheinbar immer weiter weg von mir

Endlich angekommen finde ich vor

Unvermittelt mein ganzes Selbst

Und auch du bist da, viel näher als vermutet.

In Anwesenheit der Unwissenheit

Werden das ausgesprochene Wissen und sein Prophet

Leicht zur Lüge und dem Lügner

Der Heiland, sagt er dies laut, findet sich schnell

In der Heilanstalt wieder

Auch alte Priester, Diener der Mutter, sind schnell alleine

Wenn das, was sie predigen, der Welt nicht gefällt

Sind der Prophet, Priester und der Heiland nicht erkannt

Ausgesprochenes ist wertlos im ganzen Land

Doch hört, ihr Selbst-Erwählten

Es gibt im göttlichen Plane kein Entrinnen

Nur Ausgesprochenes macht den Propheten zum Propheten.

Leben

Grenzenlose Bühne des Seins

Meer der Liebe, forschend erblicke ich mich

Stellst Kleid und Raum, Erfahrung frei

Bietest dich ganz und gar aus Liebe dar

Kennst Verbote kaum

Leben

Großes, unentdecktes Lobes-Land

Bist ewig, unergründlich, stetig neu

Bist aus dir heraus ein Wechsel-Gewand

Kennst keine Furcht, Verdruß noch Scheu

Leben

So lebendig wie du

So lebendig möchte ich sein, Freude ohne Ruh'

Diese Liebe auszudrücken

Die überall zu finden ist

Dies würde mich ohne Zweifel

Ins Himmelreich verrücken

Leben

Dankbar schaue ich dich an

Staune, bin berührt

Frohes hüpft innen, in meines Körpers Wand

Innen, in mir erlebe ich dich

Als Ganzes wunderbar

Ich fühle Leben

Ich bin dich.

Wenn uns're Furcht vorm Sterben

Mit Unbehagen, Grimm und Groll

Mit Bitterkeit ein Reigen tanzt

Tanzt gerne mit die Mordes-Lust

Im Mordes Blut steht bereits in Gedanken

Der Mensch mit einem Fuß

Gedankengut, ausgesandt von Minderwert

Spricht mit Verachtung

Das Urteil über den minderen andern

Vielleicht zum Tode

Doch spricht mindestens ein Urteil ohne Achtung

Selbstbehauptung, die gebeugt

Nützlich' Aggression verwehrt

Nimmt verzerrten Weges

Ihr Ziel in Gewalt vermehrt

Gewalt, die ohne Zögern

Sich in des Mordes-Lust ergibt

Sogleich zumindest in Gedanken

Eine Mördergrube gräbt

Es ist des Bewußtseins-Lehrling Pflicht

Dies alles zu erkennen

Nur so erkennt er sich, die Welt und seine Gesellen

Kein Wenn und kein Aber soll er hier nennen

Nur das Eingestehen der Tatsach' ist, was hierbei zählt

Denn nur so kann der Krieg auf Erden

Die täglich' Verachtung bezwungen werden

Daß dies alles in uns steckt

Geboren aus Unzufriedenheit der eig'nen Seele

Nenn' ich die nötig' Beichte

Zum bewußten Werden.

Wille, unbezwingbarer Herrscher

Alleine bist du einsam und klein

Tyrann, gebläht aus nichtig' Grund

Wirkst selbst zerstörerisch auf alles ein

Nur als Diener bist du wahrlich groß

Unzerbrechlich, richtungsweisend

Bringst du uns an jedes Ziel

Nur geboren aus dem Schoß

Ist deine Kraft auch makellos

Wille ohne Liebe

Drängend aus sich selbst heraus

Ist Gehen ohne Ziel

Immer weiter ins Leer' hinaus

Kein schöpferisch' Ankommen

Kein großes Erleben

Ist mit dir von der Liebe Leine losgelassen

Ist mit dir unbarmherzig' Ungetüm gegeben

Doch fügst du dich in deine Roll'

Wirst Werkzeug, zahlst Bewußtseins-Zoll

Ist deine Größe unerreicht

Schaffst Welten, Universen gleich

Mutter und Vater, den Göttern treu ergeben

Unbedingt dem Bewußtsein dienend

Bringst du Versöhnung, Frieden

Bist ritterlicher Streiter für die Liebe.

Eine Spinne webt ihr Netz

Grenzt ein ihr umwob'nes Territorium

Wohlbedacht in seiner Größe

Macht es dies im angemess'nem Maße

Ohne Stein noch Eisen, auch ohne Glase

Ihre Nachkommen, ihre Kinder

Weben sodann auch munter weiter

Jeder für sich ein prächtig' Netz

Begrenzt somit sein eig'nes Reich

Jeder für sich, dies steht außer Frage

Baut in überschaulich' Art

Architektur ganz ohne Plage

Offensichtlich braucht und nimmt

Jede Spinn' sich ihren Raum

Die anderen tun es ihr mit Rechten gleich

Das scheint gerecht und stört auch kaum

Doch würde nicht der Wind, das Feuer

Die wachsende Pracht beschränken

Indem es Spinne gewebte Netze stört

Würde es bei stetig' Wachstum

Nur noch Spinnen und ihre Netze geben

Dies scheint eine Regel hervorzuheben
Nämlich die, daß jedes Wesen Anrecht hat auf seinen Raume
Und ob es will oder nicht
Diesen Raum im Zweifelsfalle
Mit seiner Anwesenheit besetzt

Nur im angemess'nen freien Raume
Kann ein Wesen existieren
Ein and'res kann zur selben Zeit
Sich dort nicht manifestieren

Wie die Spinne ihr Netz
Braucht jeglich' Wesen klar begrenzten Raum
Und dies ist unantastbar sein angestammtes Recht

Doch ist die angebor'ne Grenze verletzt
Ihr Schutz verlassen
Ist aufgerufen das Gleichgewicht
In richterlicher Stellung
Zum Wohle aller Kreatur
Gesundes Schrumpfen zu erlassen

Übermaß ist abzuschöpfen
Zuvieles wird verteilt
Bis lebensfähig' Ausgeglichenheit
Sich in allem zu erkennen zeigt.

Jetzt muß ich gehen

Einst wollte ich nicht

Dachte, ich kann nicht

Innere Stille, ich höre dich nicht rufen

Jetzt muß ich gehen

Kam an dem Punkt an, bei dem es sprach:

Ich muß und will ankommen

Dachte dabei insgeheim, ich möchte nirgends ankommen

Innere Stille, ich höre dich nicht rufen

Jetzt gehe ich

Weil ich will und dies ohne die Sicherheit anzukommen

Dachte noch zuvor, ohne Sicherheit geh' ich nicht

Innere Stille, ich höre dich deutlich und klar

Jetzt verstehe ich

Ohne gehen zu wollen, gibt es niemals Ankommen

Und ohne das Ankommen loszulassen, gibt es kein Gehen

Und jetzt gehe ich, weil ich gehen muß

Weil es kein Ausweg, nur den Heimweg gibt

Innere Stille, ja, ich höre dich, ganz laut.

Finden, ohne zu suchen

Ankommen, ohne fortzugehen

Bewegung ohne brennendes Ziel

Dies geschieht, wenn ich mit dir bin

Sehen mit geschlossenen Augen

Reden ohne geöffneten Mund

Berührung ohne Begreifen

Dies kommuniziert, wenn ich mit dir bin

Reich sein, ohne zu besitzen

Gewinnen, ohne zu spielen

Wissen, ohne zu denken

Dies gehört mir, wenn ich mit dir bin

Alles, wonach ich mich sehnte

Ist zusätzlich' Geschenk in der Begegnung mit dir

Alles, was ich vorher noch nicht wußte

Ist plötzlich bewußt und klar

Deine Anwesenheit ist meine Erleuchtung

Eben noch so weit, jetzt gerade so nah.

Sonne, geliebtes Licht

Strahlst mich an, seit ich dich kenne

Obgleich ich wohlgesonnen dir nicht immer bin

Hast mir dein wärmend' Licht nie versagt

Erst jetzt, als ich ein Stück von dir

In mir erklimmen sah

Ist auch mein Liebeslicht zu dir

konstant und klar.

Aufgeregt versuch' ich, dich in allem zu sehen

Nirgends erscheinst du, scheinst nirgends vorhanden

Ruhig und in Liebe schaue ich in die Welt

Lasse meine Blicke liebevoll landen

Jetzt bist du überall

Und in allem begegnen mir deine Blicke

Erstaunen tut mich nicht deine Allgegenwärtigkeit

Erstaunen tut mich wohl, daß ich dich vorher nicht sah.

Geboren ein Kind, weiß wie Schneekristall es ist
Weiß wie jedes and're Kind
Und doch von ganz besonderer Weis'

Fein sichtbar Spuren des Seelenabdrucks
Ganz sein Eigenes, sein Einzigartiges es weiß
Kaum berührt, doch gewiß geführt
Einen äußeren Druck verspürt
Nicht verändert, noch zerstört
Doch zeitens gehemmt und gewiß
Von manch' Hin und Her geziert

Reifend es sich formt und wächst
Der Seelenabdruck immerfort sich stärker prägt
Das Individuelle jetzt deutlich anders zum anderen steht
Sich manchmal der Freiheit Entfaltung bewußt, sich freut, entzück
Andererseits aber auch durch Druck des Äußeren spürt
Es ist bedrückt

Nicht wirklich bedroht, noch ernsthaft in Gefahr
Befindet sich der Seele eig'nes Klar
Dennoch haftet und belegt
Wahrgenommenes des Kindes Mobilität
Temporäre Wirkung zeigt
Das, was die Welt hält für uns bereit
Nichts existiert, was nicht auch Wirkung heißt
Die Seele berührt und den Weg des eig'nen Zieles weist

Genährt in Fülle
Durch die Helle des Tages und das Dunkle der Nacht
Erfährt ein jeder seine eigene göttliche Pracht
Alles, was ist, hat absoluten Sinn
Alles, was wir haben, führt immer dahin

Erziehend' Recht hat somit offenbar
Wohl jedes Kind alleine
Kein Äußeres hat Recht zu leisten
Es gehört dem Kind, es ist das seine
Äußeres ist immer nur Nahrung
Für inneren Bedarf

Bedürfnis frei entstanden oder gar vom Kinde selbst entschieden
Ist, was der Führung Stimmen rieten
Vertraut auf des Wesens Weisheiten
Die für Stillung ihm eigene Weges-Nahrung bieten!

Ich will alles

Ich will nichts
Strebe in das Finstere
Strebe in das Licht

Isolation zieht mich magnetisch an
In der Masse verliere ich mich
Bis ich mich nicht mehr sehen und spüren kann
Wo ist meine Mitte?
Wo ist mein Ich?

Fliehe in die Nähe
Fliehe zur Distanz
Stürze mich ins Leben
Verweigere es, erlebe Diskrepanz

Öffne weit mein Herz
Hab' Angst, mich in Liebe zu verlieren
Verschließe mich ganz und gar
Fürchte, mich zu berühren

Extreme zieh'n mich magisch an
Dazwischen eine riesig' Schlucht
Gespaltene Zone, in der ich mich suche
Getrieben bin ich auf der Flucht

Schreie nach dem Leben
Schreie nach dem Tod
Wo ist das Mittelmaß?
Wo ist das Balsam für meine Not?

Sehn mich nach Freiheit
Wo Verantwortung ist Gebot
Sehn mich nach Gefangenschaft
Entlassen aus der Verantwortung Sog

Immer wieder frag' ich mich
Wo ist meine Mitte, wo ist mein Sinn?
Wo ist des Lebens Waage?
Ich frag mich, wo ich bin

Die Antwort ist immer dieselbe
Ich
Bin die Mitte
Ich
Bin der Anfang und das Ende
Ich
Bin das Leben
Ich bin der Kompaß
Mit dem ich mich finde.

Baum des Lebens

Kolossal stehst du vor mir

Blickst gütig auf mich herunter

Reichst weit in den Himmel

Und tief in die Erde

So imposant, so schön bist du in deiner Größe

Fühl' mich beschenkt durch dein Antlitz

Respekt und Würde strahlst du aus

Und ich fühl' mich dennoch nicht klein

Angenommen, beschützt

Das ist, was ich in deiner Nähe fühle

Deine liebende Anwesenheit

Ist, was mich so staunend macht

Froh wird mir, wenn ich dich so seh'

Nur das Sein mit dir ist mir genug.

Ich schreie nach Wasser

Ich schreie nach Brot

Ich schreie nach Leben

Ich schreie nach dem Tod

Ich schreie nach Reichtum

Ich schreie nach Macht

Ich schreie nach Gehen und Bleiben

Schreie ganz unbedacht

Ich schreie nach Antwort, noch lauter

Doch bin ich viel zu laut um zu verstehen

Er antwortete bereits, ganz leise:

Du bist gestillt.

Traurigkeit, begleitest mich schon lange

Bist treuer Freund geblieben

Manch' Stunde erleb' ich dich stark

Und auf dein Recht pochend

Aber auch in Zeiten unsichtbar

Reichst du mir die Hände

Und weist mir den Weg

Lange Lebensstrecke dachte ich

In dir den Grund meiner Einsamkeit zu finden

Dachte, du bist schuldig und sorgst für mein Leiden

Wußte nicht, daß du begleitend und beschützend

Mir zur Seite stehst

Kannte nicht dein wahres Gesicht

Kannte nicht den wahren Grund für deine Anwesenheit

Traurigkeit, nun erkenne ich dich wieder

Erkenne dein Sorgen, das dich an meiner Seite hält

Es ist das Getrenntsein von mir selbst

was dir Sorge macht

Es ist die Liebe, die dich schickt, mich heimzuholen

Es ist mein wahres Selbst, das durch dich spricht

Traurigkeit, nun bin ich froh, dich an meiner Seite zu wissen

Dich zu spüren, dein lockendes Rufen

Deinen weisen Rat zu vernehmen

Du machst es möglich, daß ich mich selbst erkenne

Du hilfst mir, mein Sehnen nach Heimat, nach Liebe zu spüren

Dein Flüstern läßt mich das Wünschen in mir vernehmen

Das vom Eins-Sein mit allem spricht

Deine leise Stimme hatte immer nur den einen Tenor

„Komm heim, Geliebter!" höre ich dich rufen

Dies waren stets deine einzigen Worte

„Komm heim, Geliebter!"

Ist ganz alleine, was aus deinem Munde kommt

„Komm heim, Geliebter!" ist das, was ich höre

Ist das, was einzig und allein übrig geblieben ist.

Mondin

Begleiterin, Freundin, Schwester

Stets erfreut es mich, dich zu sehen

Höre nicht immer, was du zu sagen hast

Aber dich hier zu wissen

Gibt mir Sinn und Ahnung

Gibt mir Richtung

Mondin

Ziehst unbeirrt deine Bahn

Bist immer da für mich

Erinnerst mich der Kontinuität

Göttin, weiblich' Geschlecht

Ich fühle mich dir nahe

Hingezogen zu dir empfinde ich unsere Verbundenheit

Fühle unsere Verwandtschaft

Fühle Familienbande, die mich wissend leiten.

Wärmend' Decke der Trauer

Gibst mir heilende Umarmung

Ein wohliges Nest

Geschützten Raum, bewahrte Zeit

Gibst mir Liebe

Um mir meiner Liebe bewußt zu werden

Ich spüre der Atmung Pflicht

Daß ich mit jedem Atemzug

Ja zum Leben sagen muß

Daß mich deine Liebe nicht erstickt

Kleid der Trauer, du bist der Liebe treuer Diener

Unantastbar ist deine Treue-Stellung

Ich bin es, der deine Freundschaft verkennt

Ich bin es, der das Atmen vergißt

Und deine Anwesenheit als Grund dafür nennt

Ich bin es, der dein tröstend' Kleiden als Enge wähnt

Und sich dem Tode, nicht dem Leben schenkt

Trauer, ich weiß, du willst mich führen ins Leben

Und ich bin es, der dich in den Tod begleiten will

Trauer, ich danke dir für deine Liebe Dienste

Du erinnerst mich meiner Liebe.

Glückseeligkeit, Liebes-Schwingen

Ist, was ich in mir spüre

Dankbarkeit und Demut

Ist, was in mir tanzt

Bin erstaunt und glücklich

Beweg' mich im göttlichen Reigen

Diese Schönheit, diese Vollkommenheit

In allem zu schauen, überwältigt mich

Alles, was ich sehe, ist Überfluß

Überströmende Liebe in aller Gestalt

Ich bin froh, dabei zu sein

Anteil habend sitze ich still und verwundert

Dankbar des Lebens Lohn empfangend

Kostbarer Sinn des Lebens wird mir offenbar

Das einzig Existierende – die Liebe

Zeigt sich mir so klar

Jeglich' Zweifel

Jeglich' Vorbehalt

Alles Trennende

Hat sich im Erleben des Glücks

Brüderlich versöhnt

Und in schwesterlicher Umarmung vereint

Ich bin dankbar

Sinnhaftigkeit und Liebe erfüllen mich

In deiner Nähe ist alles so leicht
Doch drehe ich mich von dir fort
Ergreift mich die Schwere des Lebens

Ruhe ich in deiner Liebe
Lebe ich in der milden Langsamkeit der Geduld
Schon ein wenig aus dir verrückt
Erhöht sich mein Lebenstempo
Und durch die Eile
Nehme ich der Lebens-Schönheit ein Stückchen weg

Nichts bringt mich in deiner schützenden Umarmung ins Wanken
Nichts Materielles hat die Macht
Mich von dir und deiner Liebe zu entfernen
Nur ich kann dies tun
Und beschwere so des Lebens ursprünglich' Leichtigkeit
Mit des Menschen angestrengtem Tun.

Ich nehme entgegen und fühle mein Geben

Gebend nehme ich wahr, wie ich empfange

Eines ist mit dem anderen verwoben

Unteilbar ist die Empfängnis

Vom Akt des Schenkens

Derjenige, der das Geschenk weitergibt

hat das Geschenk bereits

Erhält und behält es

Der es annimmt, gibt und liebt

Und mehrt das Genommene

Liebe gibt Liebe

Liebe empfängt Liebe

Liebe mehrt Liebe.

Uns gegenüberstehend

Sehen wir uns schon seit langer Zeit an

Ich schaue immer wieder weg

Manchmal erzürnt, manchmal gleichgültig

Blicke ich dich an, erkenne dich nicht

Du hältst meiner finst'ren Miene stand

Dein Schauen ist beständig, deine Liebe ewiglich

Jetzt erst habe ich meine Augen etwas mehr geöffnet

Ich schaue dich öfter und länger an

Und der Wunsch in mir erwächst

Nicht mehr wegzuschauen.

Morgen Rot, aufgehend' Sonne

Wärmst mein Inneres mit deinem Anblick
Von innen nach außen spüre ich dein Wirken

Morgen Sonne, emporsteigendes Licht
Deine liebkosenden Strahlen erreichen mich
Zartes Warm berührt meine Haut

Liebliche Sonne, goldenes Rund
Langsam doch stetig bekräftigst du dich
Stärker wird dein werbend' Aussenden
Behaglich und gütig ist dein Ankommen bei mir

Hohe Sonne, Glutes Hitze
Erwärmst dich mehr und mehr
Verdichtest deine innere Liebe und Wärme
Strahlst in voller Größe, in starkem Glühen
Duldest kein schonend' Schatten mehr

Sonne, ganz oben über mir
Tief in meinem Sein verwurzelt
Spüre ich dein Drängen
Scheinst durch außen in mich ein
Ekstatisches berührt mich
Dringt durch mein Äußeres innen ein
Ich fühle deinen Höhepunkt kommen
Bin aufgeregt, doch zum Empfangen bereit
Verletzbarkeit spüre ich nun auch

Sonnen Licht, in allen Maßen
Dein Wirken ist makellos
Deine Intensität, dein Reiz immer gütig und recht
Ich bin es, der dich nicht verträgt
Der nur bedingt deine Anwesenheit erdulden kann
Es ist meine Unvollkommenheit
die dein Vollkommenes nur in Maßen erträgt

Dein unbeflecktes Wirken
Ist durch meine Bedingtheit nicht berührt
Ich bin es
Den du stetig mit deiner wärmend' Liebe verführst
Ich bin es
Der begeistert von dir seine schützenden Grenzen verliert
Ich bin es, dessen Unvorsichtigkeit Schaden gebärt
Ich bin es auch, dessen Weisheit
Das Lebensschenkende in dir sieht
Ich bin es, der mein Verständnis deiner Liebe in mir nährt
Wohl bin ich es, der Nähe und Distanz diktiert
Und in vorsichtiger Annäherung
Dich letztendlich ganz erfährt.

Ich höre eine Stimme sagen

Schönheit sei ein Relatives

Es sei von des Betrachters Augen entschieden

In welchem Maß das Schöne gemessen ist

Doch ich schaue in die Welt

Und was auch immer meine Blicke berühren

Gibt sich mir unmißverständlich

Als Wundersames, als Schönes zu erkennen

Wohin meine Blicke auch wandern

Ich kann das Unschöne nicht finden

Schönheit ist in allem präsent

Und ich kann mich nicht sattsehen

An ihrer Vielfalt, die sich mir zeigt

Ich frage mich, was ist es

Was nach dem Unschönen sucht?

Was ist es, was das Schöne nicht sehen will?

Die Antwort erscheint mir prompt und leicht

Durch Gottes Augen ist und bleibt das Geschaute eben göttlich

Schönheit ist hier unbedingtes Liebes-Maß

Doch trübe ich diese Liebes-Sicht willentlich

So sucht und findet mein Schauen

Eben die Illusion vom Unmöglichen

Findet in allem auf das Un-Göttliche

Das Schöne existiert hier scheinbar nicht

Wenn ich mein göttlich' Blicken verweigere
So wandle ich existente Schönheit
In die nicht-existente Welt des Unheiteren
Alles ist nun mal Gottes Angesicht
Daneben besteht Existentes eben nicht
Schönheit ist permanent
Manchmal sehen wir dies nicht

Ich frage mich erneut
Wer ist es, der Schönheit nicht sehen mag?
Ist es der Mensch mit freier Wahl
Geführt von Angst und Unwill?

Dies mag wohl stimmen
Denn wer sonst hat die Freiheit und die Macht
Sich dem Göttlichen zu entziehen?

Es gibt nur ein Maß

Und dies ist meins

Es gibt nur ein Maß

Dies nennt sich deins

Alles ist gemessen

In unserem Maße

Kein anderes steht über dieser Instanz

Was ich will, das ist recht

Keine Rechtfertigung hat hier Bedarf

Kein Erklären ist hier vonnöten

Meines ist deines

Und ohne Grund von Geburt an rechtens.

Aus der Leere

Aus dem Nichts

Aus dem Unbenennbaren

Im Namen der Freiheit geboren

Wissen Gott und Göttin kein Ziel

Doch immerwährend zeugend

Und sich stetig vereinigend

Kehren sie nach Äonen von Erdenjahren

Dem Rufen aus dem Nichts folgend

In die Zeitlosigkeit der Leere zurück.

Ich setze mich nieder

Atme aus

Die Last der Welt gleitet von mir ab

Den Tränen nahe

Entspanne ich in den Moment hinein

Tränen der Freude

Tränen der Erleichterung stehen bereit

Ich atme aus

Und die in mir entstehende Bewußtheit

Daß ich allzu lange meinen Atem verweigerte

Läßt mich verstummen

Ich atme aus

Und komme mit jedem loslassenden Atemzug

Dem Hier und Jetzt ein wenig näher

Ich atme aus

In die Freude, in die Erleichterung hinein

Tausend Funken des Entzückens

Tanzen, springen, hüpfen in mir

Ich atme ein

Von Herzensfreude inspiriert

Erfüllt von Liebe und Dankbarkeit

Das Lebens-Elixier ich zustimmend inhalier'

Ich atme ein

Bin glücklich, wieder da zu sein

Atme ein

Meinen Körper beseelend

Und aus des Bewußtseins Schlaf erwacht

Mein Verlangen nach Leben.

Lebendigkeit, gibt es dich, Schöne

Auch als Rose ohne Dornen?

Oder kann ich dein ganz Antlitz nur sehen

Wenn dein Stich mich lebendig macht?

Lerne ich dich lieben und akzeptieren

Nur wenn du mich meiner Verletzlichkeit erinnerst

Und ich mich öffne für das, was fließt

Für das, was strömt unter meiner Haut und Schale?

Ist dein Stachel das Werkzeug

Das durch meine Oberfläche in meine Tiefe weist?

Lebendigkeit

Wunderschön' Rose mit Dornen

Ich greife bewußt nach dir

Und ich rufe dir zu

Verwunde mich mit deinem Erweckungs-Sporn

Mach mich wach und laß das süße Blut des Lebens in mir fließen

Ich möchte dich und mich spüren

Mag unsere ganze Schönheit sehen

Laß mich staunen über das wunderliche Leben.

Du bist mein Echo

Alles, was ich schaue und in meinen Ohren erklingt

Alldem ich begegne

Alles ist Antwort auf mein stilles Rufen

Ich flüstere

Dein Echo erschallt

Daß ich bin

Wird in deinem Widerhallen erinnert

Nichts ist hörbar

Nur dein und mein

Wir beide sind eins

Lauschen unserem Widerhall aus uralter Zeit

Hören das Antworten unseres stetig' Sehnensruf nach Erinnerung

Du bist mein Echo

Dein Rufen erhöre ich

Dein Rufen erinnert mich

Göttlich' Echo, alles ist du und ich.

Ich war im Feuer

Im Feuer, das zerstört und gebärt

Feuer, reinigend, ohne Rückstand

Feuer, das ohne Gnade

Gnadenvoll das Vergängliche verbrennt

Feuer, das Göttliches zum Vorschein bringt

Das als Überbleib' nur anerkennt

Was göttlicher Essenz entspricht

Inneres Feuer, überall

Raum der Liebe

Unbetretbar in Begleitung der Angst

Alles Weltliche, alles ohne ewige Identität

Transformierst du in unbarmherziger Feuertaufe

Zu Gottes Elixier

Wer in deinen Raum tritt und zurückkehrt

Ist gereinigt und gestärkt

Für das große göttlich' Werk

Als Hölle durch eig'nen dämonisch' Blick verkannt

Bist du auf dieser Welt nicht unbekannt

Doch deine wahre liebevoll' Funktion

Als Brennkammer, als reinigende Kraft

Für verblendende Emotion

Bekommen nur wenige zu Gesicht

Zu groß ist die Furcht

Vor deinem schonungslosen Gericht

Angst, Wut und Haß verzerren dein Gesicht

Liebe und Hingabe

Offenbart dein alles verzehrendes Licht

Licht, das Verdunklung nimmt, Erleuchtung bringt

Inneres, reinigendes Feuer

Nach dir kommt nur die Liebe.

Ich sitze

Meditative Ruhe erfüllt mich

Ich bin das Zentrum

Um mich herum das Nichts

Nichts, außer dem unendlichen Raum der Leere

Ich sitze hier, bin alleine mit mir

Nichts, außer ich selbst bin anwesend

Ich bin Wahrnehmung

Und im Zentrum der Weite

Der unendlichen Leere

Nehme ich Erscheinung wahr

Ich sitze, inmitten einer Eislandschaft

Ich sitze, inmitten einer Wüste

Grenzenlosigkeit ist alles, was ich schaue

In meinem Mittelpunkt des Universums

Ist einziges Maß die ungezügelt' Raumes Tiefe

Bin all-eine und in Frieden

Will nichts, habe dennoch alles, habe mich

In der Stille, in der Leere

Wunschloses Glücklichsein

Liebevolles Sein mit mir

Illusion und Realität verschmelzen

Alles kommt und geht

Ich bleibe

Ich bin

Ganz Bewußtheit bin ich verbunden mit allem

verbunden, doch losgelöst

Frei, ohne zu haften, erkenne ich mich

Blicke in meine eig'ne Mitte

Verlier' und finde mich wieder

In der unendlich' Weite der Leerheit

Ich bin

Ich bin alles, und alles ist in mir

Ich bin.

Freiheit wo bist du?

Wo ist dein gelobtes Land?
Zeig mir deine Grenzen!
Wo beginnst du zu wirken
Und wo ist dein Einfluß Ende?

Freiheit nur als Gast in deinem Reiche
Kann ich verstehen, wer du wirklich bist
Ich weiß, daß ich zu dir gehen muß
Willkommen fühl' ich mich
Dennoch scheue ich zurück

Die Begegnung mit dir, das ahne ich
Ist Bedeutenswert
Ich spüre, daß ein Gehen zu dir
Kein Rückweg kennt
Ich weiß innerlich, wenn ich dich erst kenne
Daß ich Untertan in deines Freiraum Reiche bin
Nur du gebietest mir hier
Kein Größeres steht dann noch über mir

Ich klopfe an
Du läßt mich ein
Sagst, die Tür war stets offen
Doch ich dachte, sie sei verschlossen
Wollte sie verschlossen wissen
um mich vorm Eintritt zu sträuben

Doch nun, da ich eintreten muß
Ins Allerheiligst' Einlaß finde
Wird mir bewußt
Daß ich mich niemals außerhalb deiner Grenzen befand
Daß dein Reich grenzenlos ist
Und daß alles, was darin wohnend sich zeigt
Freiwillig' Besucher ist

Mir wird klar, ganz unfaßbar
Daß du auch scheinbar Unfreies
Innerhalb deiner Grenzen gebarst
Daß es niemals etwas gab
Was ohne deine Herrschaft war

Du kennst keine Beschränkung
Du kennst kein Anfang, kein Ende
Du bist grenzenlos
Und Urgrund für alles Gewachsene

Bist Fundament des Universums
Ur-Gesetz der Schöpfung
Herrscher und Gebieter über den Willen
Bist Mutter und Vater aller Dinge
Aus dir ist geboren der freie Wille
Freiheit, ich verstehe dich nun
Du bist absolut und grenzenlos.

Ich will zu dir

Doch geh' ich fort

Nach deiner Nähe sehnt es mir

Distanz ist aber, was ich schaffe

Obwohl ich Berührung such'

Ziehe ich offene Hände zurück

Obgleich mein Herz sich öffnen will

Verschließe ich's anstatt dessen

Mein Verlangen ist der Weg zu dir

Mein Wunsch anzukommen

Doch geh' ich fast unbemerkt

In flüchtig' Richtung des Entkommen

All mein Streben weist zu dir

Doch verweigere ich das Gelingen

Rebellion ist außer mir

Mach einfach schmerzlich' Dinge

Gelebte Spaltung

Getrenntes ist nah beieinander

Fühl' das eine, mache das andere

Führe aus

Das Gegenteil meines inneren Willens

Bring' in Handlung

Was nicht zum Ziele führt

Paradoxes lebt in mir und tanzt unentwegt im Kreise

Zu sehen, ich will zu dir und geh' doch and're Wege

Ist göttlich' Spiel, auf ganz eig'ne Weise

Gottes Komödie und göttlich' Tragödie

Sehe ich in Zwiespalt vereint, versöhnt

In meiner eig'nen Lebens-Weise.

Verantwortung

Ich und du

Wir sind es, die Worte sprechen

Ich und du

Wir sind es

Die Antwort geben

Verantwortung

Du und ich

Wir sind auch dieselben

Die Antwort erhalten

Verantwortung

Du bist meine Frage und dessen Antwort

Und ich selbst bin es

Der durch dich Fragen an das Leben stellt

Ich selbst bin es

Der die Antwort des Lebens erhält

In Selbst-Verantwortung

Bin ich Schöpfer und Schöpfung

Ich spreche aus, höre mein eig'nes Echo

Mein Handeln, mein Denken, mein Sein

Spiegelst du, geliebte Verantwortung

In den Bildern meines Erlebens

Meine Beziehung zu dir, unsere Intimität

Zeigt sich offen in allem, was ich spür'

Mein Umgang mit dir ist offenes Geheimnis

Jede Stunde, jede Minute

Jeglich' Erfahrung meines Lebens

Erzählt schallend Geschichte davon

Verantwortung

Manchmal will ich

Die wirklich' Art meines Seins mit dir leugnen

Ich weiß, ich tue dies vergebens

Denn du lügst und verbirgst nie

Du gibst stets ehrlich' Antwort.

Zukunft

Zukünftig' werdend' Sein

Ich freue mich unsagbar auf dich

Immer wieder erahne ich dich

Und kann deine Facetten im Jetzte sehen

Dies erfüllt mich mit Hoffnug und Liebe

Zukunft

Bist irgendwie schon da

Auch irgendwie noch abwesend

Zeigst dich selten und rar

Dich zu erkennen

Im Hier und Jetzt

Ist eben kein leichtes Unterfangen

Geliebte zukünftig' Gegenwart

Wenn ich dich so erwachsen sehe

Wenn ich dein Entpuppen vermute

Wenn ich deine Erscheinung schaue

Sie hindurch Vergangenes und Gegenwärtiges erblicken darf

Macht mich dies glücklich und froh

In dir sehe ich den Sinn

In dir höre ich die Rufe der Gerechtigkeit

In dir zeigt sich göttlich' ganzes Bild

Und ich erkenne die Symmetrie der Ur-Gezeiten

Harmonisch' Wirken ist offenbar

Ausgleichendes Wiegen von Gottes Hände

Ist, was ich seh'

Wenn ich dich und Vergangenes betrachte

Zukunft, du bist mir willkommen

Ich freue mich unsagbar auf dich.

Dunkle Nacht

War Gast in deinem Reiche

Verstand nicht deine Sprache

Dein Werben schien mir fremd

Wußte manch' Zeitraum nicht einmal

Daß ich bei dir war

Nächtlich' Priesterin

Dein Einweihen empfand ich als Schmerz und Pein

Dacht', Fluch und Folter kämen über mich

Schuld und Scham verdeckten dich

Hatte keine Ahnung, daß du dich in mir ergießt

Dunkle Nacht

Schwarze Göttin der Leere

Wie schön war mein Erwachen

Wie schön war der Moment

Als ich dich und dein Werben verstand

Alles machte plötzlich Sinn

Jeglich' Schmerz, all das vermeintlich' Leid

Sogar die bewußtlose Ohnmacht

Waren Teil deiner Rituale

Geliebte dunkle Nacht

Deine stete Einweihung machte mich zu dem, was ich bin

In deinem Feuer

Ob ich dies nun ahnte oder leugnete

Ob ich bewußt anwesend war

Oder mich an anderem Orte wähnte

In deinem Feuer verbrannte alles, was ich nicht war

Und es zeigte sich die ganze Fülle meines Seins

Dunkles Meer des Wissens

Weise und sicher hast du mich durch dein Labyrinth geführt

In Vertrauen gebe ich mich nun deiner Führung hin

Priesterin des Schreckens

Mach mich ganz, erfülle mich

Weite meinen Horizont

Und leite mich in die Ganzheit meines wahren Seins.

Liebe

Ich weiß nun, mein Zweifeln hat dich nie gestört

Auch mein ständig' plagend' Fragen

Ließ dein beständig' Sein mit mir unberührt

Die Dauer meiner fragend' Zeit

War ausgedehnt und unerhört

Doch in dir fand ich geduldig' Zuhörer

Fragte dich oft provokant:

Gibt es dich denn überhaupt

Oder bist du einzig Produkt der Illusionen?

Bist du, wenn's dich gibt, denn immer da

Oder glänzt du auch mit Abwesenheit?

Bist also manchmal hier und da

Ein launenhaft' Geschöpf, ein sprunghaft' Bewohner?

Warst du jemals klein, wurdest dann erst groß?

Warst Kind und wurdest später zum Erwachsenen?

Warst du jemals anders als ich dich nun kenn'?

Liebe, sag mir doch, hast du dich verändert?

Liebe, gibt es dich mit vielen Gesichtern

Oder war ich es nur, dessen unstetes Schauen

Dein Antlitz verzerrte, deine Erscheinung verdrängte?

War ich es, der dich in verschiedenem Kleide sehen wollte?

Nach langem Horchen, beständig' Lauschen

Wird mir nun immer klarer

Du warst niemals anders

Du bist die Liebe, ewiglich, unendlich

Immer nur Liebe, immer erfahrbar

Bist einzigartig' Wesen

Bist gekrönt mit Ewigkeit

Deine Größe unmeßbar

Verändert sich nur zum Schein

Bist einfach nur Liebe

Und dies grenzenlos, bedingungslos und mein

Liebe, du bist einfach nur Liebe.

Wenn alles frei ist

In Einheit eins
Das Gegenüber im Grunde gleich
Kann ich mich als Mensch erinnern
Daß auch ich die Wahl hab' zwischen den Polen
Entscheiden kann, was mir wichtig ist
Um dies zu betonen

Wenn dies erkannt, ist es gar möglich
Scheinbar Unmögliches mit Leichtigkeit zu tun
Wahrhaftig' Essenz in allem zu schauen
Und Gegensätze umzupolen
Das eine in das and're wandeln
Wird dann zur Bewußtseins-Kunst
Ist und bleibt nur Entscheidung, Tun und Handeln

Die Wunde wird hier zur Heilung
Der Schmerz wird so zur Freude
Ein Nicht-Gelehrter wird Wissender
Ein Feinde zum Freunde

Wenn die Kraft der Bewußtheit den Wandel ermöglicht
Lösen sich die Fesseln des Bewußtseins
Und alles wird möglich

Der Arme wird reich
Der Erkrankte gesund
Alles läßt sich verändern
Wenn Bewußtsein es läßt

Der Verlorene findet sich wieder
Vergessenes erinnert
So bleibt kein Stein auf dem andern
Was des Bewußtseins-Gebäude ändert
Und immer wieder neue Räume schafft
Was der freien Entfaltung Ordnung macht

Wenn die Einheit der Dinge erkannt
Ist die Freiheit zu wählen
Ein schuldfreies Sein mit dem eig'nen Willen
Wo ich war, wo ich bin
Es steht mir frei zu gehen
Wohin immer ich auch will
Ausgangspunkt ist für jeden der gleiche
Gleich nah sind wir alle uns selbst
Und unserem wahren Werte
Wenn wir dies sehen
Ist der Schritt zu uns hin
nur noch winzig' Entfernung

Neutralisiert durch uns're freie Entscheidung
Entheben wir uns somit gänzlich' Hemmung
So kann der Tag zur Nacht sich wandeln
Und die Nacht den Tag gebären

Der Sünder dem Heiligen ganz nah
Kann so mit einem winzig' Schritt
Zum Heiligen werden
Der Mensch kann sich hierbei erinnern
Gottes Sohn zu sein
Saulus paßt hier in der Unendlichkeit
In heiligen Charakter-Raum des Paulus hinein

Da alles Eins ist
Nicht mehr von trennend' Schauen gebannt
Kann sich so alles verwandeln
In jeglich' Gestalt
In Essenz immer dasselbe
Mit göttlichem Gehalt
Ist somit alles dasselbe, verschwistert, verwandt
Und dennoch verschieden im Kleide, im irdisch' Gewand.

Ein kleines funkelnd' Licht

Wollt' ich immer sein

Scheinen für mich und für andere

Ein großes strahlend' Licht

Ich geworden bin

Am Firmament strahlend ich bewußt mir bin

Sonnengleich in eig'ner Galaxie

In mir sein

In alles liebender Sympathie

Mein sehnlichst' Wunsch

Das Licht in mir zu entzünden

Hat ein glühend' Feuer entfacht

Ich brenne, ich brenne

Entflammt von dir in mir

Bin ich Quelle des Feuers, flammendes Meer.

Vieles ist oft wenig

Oftmals nicht genug

Wenig ist oft alles

Mehr als benötigt, gefunden in der Ruh'

Nehmen, nehmen immer mehr

Geben ist einem gar nichts wert

Ich brauche und gebrauche, ist treibend' Gefühl

Zu geben bleibt da gar nicht mehr viel

Sich selbst nie genügend

Treibt die Gier uns voran

Ein Rennen ohne Frieden

Getrieben vom inneren Tyrann

Es ist bereits alles da

Was Glückseeligkeit schenkt

Wir wollen es aber anders

Rebellion uns von der Fülle trennt

Das von dir Gegebene nicht annehmend

Wir nach anderem suchen

Und unsere Erfüllung im Außen vermuten

Dabei den inneren Wohlstand verkennen

Den Überfluß in dir und mir

Als nichtig nennen

Alles ist in dir

Außerhalb ist nichts

Das Außen als Illusion erkannt

Läßt uns alles finden

In dir und im Nichts.

Lieblos und kalt ist es im Ödland

Liebeslos bin ich, wenn ich nicht bei dir bin
Todesstille, des Körpers Taubheit
Gefühleskälte lassen mich erschauern
Bin wie erstarrt, bin regungslos
Von allem unberührt ziehen Ereignisse an mir vorüber

Grabesruh' umgibt mich
In mir des Todes eisig' Rufen
Ohne dich und mich
Bin ich überall allein
Ohne dich und mich
Gibt es für mich kein bewußtes Sein

Traurig' Stimme will mich zu dir leiten
Doch der Kälte Starre ist so zäh
Daß es mich kaum durchdringt
Es ist mehr eine Ahnung
Von deinem Singen
Das mir in der Ferne hallt
Alles geschieht ohne mich
Bin zur Empfängnis unbereit

Bin ich schon tot, frage ich mich
Und weiß, das kommt der Wahrheit nahe
Wenn es den Tod gibt
Dann ist hier seine Heimat
In meinem Bewußtheits-Wirken

Stillstand, berührungslose Isolation
Diesen Tod erleb' ich gerad'
Einen anderen gibt es wohl nicht
Aber auch dieser ist von realem Gewicht
Auch wenn mein Wahres realer ist und ewiglich

Atem-Stillstand
Höre dein und mein
Höre unser Herz nicht mehr schlagen
Was für eine trostlose Wüste
Ist dieses Land der inneren Plage
Doch immer wieder hör' ich dich
Wähn' ich mich auch bewegungslos und taub
Eine Ahnung erwächst in mir
Daß auch dies alles gehört zum göttlichen Plane

Plötzlich erkenn' ich die innere Logik
Versteh', daß dieses Schmerzes-Land mich führt
Mich leitet durch die Kammer des Todes
Ich geführt bin
Durch den Raum der Hoffnungslosigkeit
Zu deinem und meinem ewigen Reiche
Daß ich durch diese finstere Nacht
Deine täglich' Schönheit erst erkennen kann

Du und ich, wir sind niemals anderswo
Noch wirklich fort
Doch diesen Bewußtheits-Tod
Als solches wahrgenommen
Läßt unseren göttlich schönen Glanze
Ein weiteres Male erstärkt erleuchten
Auch wenn ich dies ein manches Mal nicht verstehen kann
Es macht dennoch Sinn.

Ich ging gebückt
War nicht gerade vom Leben entzückt
Nicht von dir
Nicht von mir
Konnte ich die Größe sehen

Schwer fiel es, in die Größe zu gehen
Liebend sich aufzurichten
Schuld und Scham
Zogen mich gen Erde
Beugten Kopf und Schulter

Wieder und wieder mich aufgerichtet
Konnte langsam erkennen
Dich und mich

Konnte sehen, Schönes in uns erwachsen
Keimlein der göttlich' schönen Pracht
Die hindurchbrach durch schwere Decke geistlosen Winters
Durch Schneedecke in eisiger Nacht

Immer wieder erneut
War das Aufrichten gefragt
Der gewohnten Beugung entgegenzuwirken
Umgewöhnung war täglich' Bedarf
Und die Größe wurde wach

Du und ich, wir wuchsen
Breiteten aus unsere Flügel
Den Raum einzunehmen
Der unserer Liebe zustand
War unser gemeinsam' Ziel

Es war eine schöne Zeit, mit dir zu wachsen
Immer mehr des Lebens Schönheit erweckend
Fand ich zu meinem aufrechten Stand

In meiner Größe nun
In Demut und Wissen
Erleb' ich bewußt permanent göttlich' Verrücken
Immer noch spür' ich
Wie Kräfte mich ziehen
Mich zum Kleinwerden verlocken

Immer noch hör' ich es rufen
Kleinsein sei angebracht
Doch endlich hab ich Gewißheit
Kleinsein ist von nun an nicht mehr mein

Es fällt mir nun schwer
Die meinig' Größe zu beugen
Ich will nicht mehr der Kleine sein
Ich will und kann nicht mehr
Unserer Größe und Schönheit den Raum versagen

Mit Anmut steh' ich hier
Aufrecht vor dir und mir
Und ich spür' die Liebe
Die dies Glück erzwingt
Liebe läßt mich nicht mehr beugen
Liebe macht mich groß
Und verlangt nach wachsend' Sein.

Dunkle Wolken, bedrückend' Himmel
Endlos grau, mit zwielicht' Stimmung
Traurigkeit in mir sich regt

Schritt für Schritt
Geh' in die Ferne
Durch regnerisch' Vorhang
Mein Weg sich zieht

Das Äußere sich aufs Innere legt
Das Innere nun nach außen strebt

Menschliches zeigt sich als unwohl' Regung
Erklärt den Zweifel und inneren Krieg
Doch dann erscheinst Du in mir
Von meinem Kern heraus
Du durch mich wirkst
Mich mit deinem Strahlen ganz erhellst
Alles Dunkle in sonnig helles Lichte wirfst

Die Traurigkeit nun
Zur Liebeserklärung sich wandelt
Und alles Grau
Dem Regenbogenlicht des Lebens weicht
Von dir gerufen
Ich der Liebe
Zeit und Raum zum Wandeln reich'
Gerade noch in bedrückend' Enge
Erleb' ich dich und mich nun vogelfrei
Auf den Schwingen der Liebe schwebend.

Bin ich mein einzig' Widersacher?

Bin ich das einzige, was gegen mich ist?

Ist aller Widerstand aus mir heraus entstanden

Und zeigt sich so in meinem eig'nen Handeln?

Kann es denn sein, daß es so einfach ist?

Daß immer nur ich selbst mein eig'ner Gegner bin?

Daß dies, was ich als äuß'ren Krieg und Streit erlebe

Nur Possenspiel meiner eig'nen Gegnerschaft ist?

Daß es nur einen Kampf gibt, der tobt

Und in meinem Innern herrscht?

Daß nur ein Widersacher lebt

Der in meiner Seele sein Intrigenspiele webt?

Gibt es tatsächlich nur ein Ich?

Gibt es wirklich nur dich und mich?

Und ist dann der Kampf ausgefochten

Wenn ich mich der Einheit mit dir und mir erinnere?

Wenn dies so ist

Dann bin ich es auch

Der diesem Spuk ein Ende gibt.

Brüderlich' Tod

Nie hatte ich gar Angst vor dir
Hörte aber dennoch andere
Beim Nennen deines Namens erbeben
Fühlte ein Anziehen eher
Als daß ich von dir abgestoßen war
Konnte Furcht und Ekel
In deiner Gegenwart nicht verstehen

Tod, du warst mir immer Vertrauter
Angst machte mir nur unser gemeinsam' Bruder
Das irdische Leben
Du schienst mir der Retter
Vor der Bedrohung des täglichen Erlebens

In deiner Gegenwart fühlte ich mich wohl
Und tagein, tagaus
Wuchs mein Verstehen
Von der Angst des lebendigen Gehens
Als ich ja sagte zu dir
Wußte ich bereits, daß Ihr Geschwister wart
Ich keine Furcht zu haben brauche
Vor eurem gemeinsamen Rat
Wußte von eurem Eins-Sein
Zwei Seiten des ewigen Lebens
Täglich geboren werden und sterben
In der Wiege des ewig' Bewegens

Zwei gleichwertig' Bewußtseins-Räume
Ich in euch fand
Mein göttlich Freies
Sich gelegentlich an euch band
Um zu erfahren, was göttlich ist
Und auch das nächtlich' Grauen
Um mein eig'nes Bild
Vom wundersamen
Vom kosmischen Spiel zu schauen

Tod und Leben, meine Geschwister
Ich möchte von euch beiden lernen
Möchte annehmen
Was ihr beide habt für mich bereit
Und mich täglich erinnern
Daß alles Sinn hat
Daß alles geschieht in göttlichem Geleit.

Enorme Kräfte

Ich in mir wirken spür'

Brausend wie orkanen Wind

Ich diese in mir wirbeln seh'

Links und rechts an meiner Seite

Sie meinen Weg begleiten

Urwüchsig' Druck sie auf mich lenken

Urkräfte, die sich aneinander reiben

Dankbarkeit sich in mir zeigt

Daß mein inneres Toben

In Richtung wird gebracht

Daß mein Wehen, Fliehen

Das her und hin sich ziehen

Sich Ausrichtung

Sich Ziel verschafft

Im freien Raum

Ich ungebändigt strebe

Nach aller Richtung zu

Nur diese kolossale Kraft

Zwingt mich zur Ruh'

Finde Frieden im Moment, im Nu

In meiner Mitte

Sehe beruhigenden Weg

Der in die Unendlichkeit weist

Finde göttlich' Auge des Sturmes

Finde den Mittel-Punkt

Der mich auf die Stille verweist.

So ist es

Ohne Zweifel festgestellt

So ist es

Wollte es ändern, konnt' es nicht glauben

Doch das Leben hat mich gezähmt

So ist es

War ein Unding hinzunehmen

Was Reales zu mir sprach

Mußte mich beugen, bis es schmerzte

Konnt' mich nicht ergeben

So ist es

Wie konnt' ich dies nicht sehen

Wollte ändern, was zu ändern niemals war

So ist es

Rennen gegen Wände

Ein Durchkommen nie und nimmer zu erlangen

Streben hin zu Zielen

Bei denen anzukommen unmöglich war

So ist es

Ich kann es nun verstehen

So ist es

Kann's mir eingestehen

So ist es

Einfach nur

So ist es.

Fühl' mich wohl

Hab' nichts gegessen
Bin dennoch gesättigt
Kein bißchen Durst ich spür'
Obgleich ich nichts getrunken hab'
Erlösend entspannt sich alles in den Moment hinein

Fühl' alle Spannkraft von mir weichen
Sinke in mich ein
Komme immer mehr im wohlig' Warm des Innern an
Gestaltlose Weite erwartet mich schon
Stille, süß wie Honig, fließt in mich ein

Hab' nur ja gesagt zum Dasein
Nur ja gesagt zu sein im jetzig' Moment
War bereit, hier anzukommen
War bereit loszulassen von allem Wollen
Und schon konnte ich empfangen
Was innen schon da war
Konnte das Göttlich' sehen und fühlen
Dessen Anwesenheit immerwährend ist

Fühl' mich wohl
Nur weil ich losließ
Fühl' mich wohl
Nur weil ich nicht mehr fliehe
Fühl' mich wohl
Nur weil ich nicht mehr strebe
Des Momentes Reichtum zu entkommen.

Ich sehe

Sehe dich an
Sehe deine Augen
Sehe lächelnd' Mund
Sehe offenes Gesicht
Sehe lieblich göttlich' Gedicht

Sehe dein Fragen
Sehe suchend' Bewegung
Sehe dein Antworten
Sehe stille, ruhend' Andacht
Göttliches blickt mich an
Wie schön es ist!

Gelockt, ganz ohne Begierde
Geführt durch deine inneren Wege
Schaue ich tiefer

Sehe in dich hinein
Sehe Schönheit entfalten
Schönes wird noch schöner
Menschliches vergöttert

In dir angekommen
Sehe ich
Nur noch Gottes Augen
Auf mich schauen.

Lieben mit den Blicken

Lieben mit jedem Atemzug erneut

Lieben mit jeder Bewegung

Lieben ganz ohne Scheu

Lieben mit allem, was ich tue

Lieben so wie ich bin

Lieben, das was mir entgegengeht

Liebend mit allen Sinnen

Will offen dem entgegenseh'n

Was sich meiner Ankunft erfreut

Will liebend mich vereinen

Dort wo Vereinigung ist erträumt

Liebend empfangen

Was aus dir sich ergießt

Und mich im Liebesstrom

In Hingabe verlieren

Ganz, ohne Reue, ohne Bitternis.

Ich frage dich

Kann denn etwas zwischen uns stehen
Wenn ich es nicht will?
Kann ich denn zwischen dir und mir sein
Entgegen meinem Willen?

Oder bin ich nur getrennt von dir
Wenn ich es will?
Bin ich es, der will, daß ich nicht kann?
Kann ich wollen, es nicht zu können?
Gibt es gar in diesem Falle kein Können
Sondern eben nur das Wollen?

Heißt somit Nicht-Können
Denn immer, nicht zu wollen?
Und meint mein Wollen, daß ich es kann?

Wenn dies am Ende gar wahr ist
Bleibt zuletzt da nicht nur freies Wollen?
Wohnt da wirklich im unendlich' Raum
Nur mein und dein Wille?

Deine Antwort ist beständig
Und ich erahne
Ein schweigend, zustimmend' Ja
Gefolgt von meines Echos Worte:
Ohne Zweifel, mein Wille ist Geburtsstätte
Meines Könnens.

Manch' Richtung wandern wir durch Lebens-Zeit

Auf der Suche nach der Demut

In theoretisch' Gegenkurs

Durchschreiten wir den Lebens-Raum

Durchsuchen ihn nach Mut

Treibend' Kraft ist da zum einen hin

Die Angst und seine Geschwister

Zum anderen wirkt zähmend auf uns ein

Hochmut und auch Stolz

Wenn sie uns zeigen ihre wahren Gesichter

Das eine oder andere gefunden

Treffen wir uns alle in unserer Mitte

Im göttlich' eig'nem Refugium

Ohne Raum und ohne Zeit

Liebende dankend, ohne jeglich' Bitte.

Da, wo ich die Blume bestaune

Und nicht pflücke

Wo ich des Menschen Schönheit atme

Und nicht besitz'

Da wo ich Anmutendes auf mich wirken lasse

Ohne mich daran festzuhalten

Wo ich Schönes erlebe

Ohne Angst vor Verlust und späterem Bedauern

Da zeigst du dich mir

Ganz und gar, ohne mein Zweifeln.